Los monstruos de los ríos

LA LUBINA PAVO REAL

MARYSA STORM

Traducción de Pablo de la Vega

BLACK RABBIT BOOKS

Bolt es una publicación de Black Rabbit Books
P.O. Box 227, Mankato, Minnesota, 56002
www.blackrabbitbooks.com

Alissa Thielges, editora; Rhea Magaro, diseñadora de los interiores e investigación fotográfica.

Información del catálogo de publicaciones de la Biblioteca del Congreso:
LCCN 2023043656.
ISBN 9781644666517 (library binding)
ISBN 9781644666678 (ebook)

Impreso en China

Image Credits

Alamy: Alessandro Mancini 18, Larry Larsen 26–27, puzzle M cover; Dreamstime: Blissthefrog 22 (adult), Frank Cornelissen 6–7; Flickr: jeffreyaki 21, 22 (larvae), Kenneth Cole Schneider 24–25; Shutterstock: Aidha205 9 (b), ajri asad 23 (juvenile), Alexander gumulya 19 (young), Atthapol Saita 13, Bigc Studio 19 (tr), Chandra Aditia 1, Charlotte Bleijenberg 14–15, chonlasub woravichan 3, 12–13, 19 (adult), 31, Corneliu LEU 9 (t), CrispyPork 19 (tl), Dan Thornberg 19 (bl), fotomak 15, irin-k 19 (bm), Jolanda Aalbers 32, JuanCarlosPalauDiaz 22 (eggs), Kevin Alexander W 4–5, 16–17 (bkgd), Locomotive74 19 (tm), PARADORN KOTAN 28–29, rangizzz 19 (br), smile23 10–11, Supermop 9 (m)

Contenido

CAPÍTULO 1

Bestias misteriosas

Algo colorido se mueve en el sudamericano río Orinoco. Es un pez con un cuerpo de color amarillo eléctrico. Este pez tiene hambre, pero también es paciente. Se esconde detrás de unas plantas, esperando que pase una **presa**. Y ahí viene un pez más pequeño. Será una comida apetitosa.

¡Al ataque!

Este colorido pez brillante se lanza tras su presa. El pez más pequeño no tiene ninguna esperanza. No hay manera de que nade más rápido que su **depredador**. ¡Ñam! La lubina pavo real se traga al pez entero.

Estos peces no son de hecho lubinas. Son cíclidos.

CAPÍTULO 2

Creaturas coloridas

Estos peces son conocidos por sus coloridos cuerpos. Al igual que los pavo reales macho, pueden ser de colores brillantes. Algunos tienen los ojos rojos. Muchos tienen líneas negras verticales a los lados y una mancha negra en la cola.

Hay distintos tipos de lubinas pavo real. Su diferencia principal es el tamaño. El pavón cinchado es el más grande.

Tipos de lubina pavo real

pavón cinchado

tucunaré

pavón real

LAS PARTES DE UNA LUBINA PAVO REAL

ALETA DORSAL ESPINOSA
COLA
MARCAS NEGRAS

Espinas y protuberancias

Las lubinas pavo real son más que coloridas. También son peces fuertes con cuerpos robustos y fuertes. Su aleta dorsal tiene espinas. Los machos también desarrollan una protuberancia en la cabeza. Esta protuberancia aparece durante la temporada de **desove**. Es una **reserva** de grasa. Los machos no comen en la temporada de desove ni cuando protegen a sus hijos. La grasa extra les proporciona energía.

tamaño promedio

LONGITUD
hasta 39
PULGADAS
(1 m)

0 5 10 15 20 25 30 35 40 45 50
libras
libras
PESO
alrededor de
29
LIBRAS
(13 kg)

CAPÍTULO 3

Hábitos de cacería

Las lubinas pavo real provienen de América del Sur. Son nativas de la cuenca del río Amazonas. Sin embargo, en los años 1980, la gente trajo al pez a Florida. Este vaporoso estado es el hábitat perfecto para el pez. Le gustan sus aguas cálidas y lentas.

La gente introdujo el pez en Florida por una razón: querían que se comiera a las especies invasivas.

DÓNDE VIVEN LAS LUBINAS PAVO REAL

ASIA
EUROPA
ÁFRICA
AUSTRALIA
ANTÁRTIDA

Depredadoras astutas

A las lubinas pavo real les gustan las aguas poco profundas y rocosas. Se mueven veloces entre las piedras buscando comida. Con frecuencia comen peces como la tilapia. Pero también comen insectos, gusanos y camarones.

La cadena alimenticia de la lubina pavo real

Esta cadena alimenticia muestra qué se come a la lubina pavo real. También muestra lo que comen las lubinas pavo real.

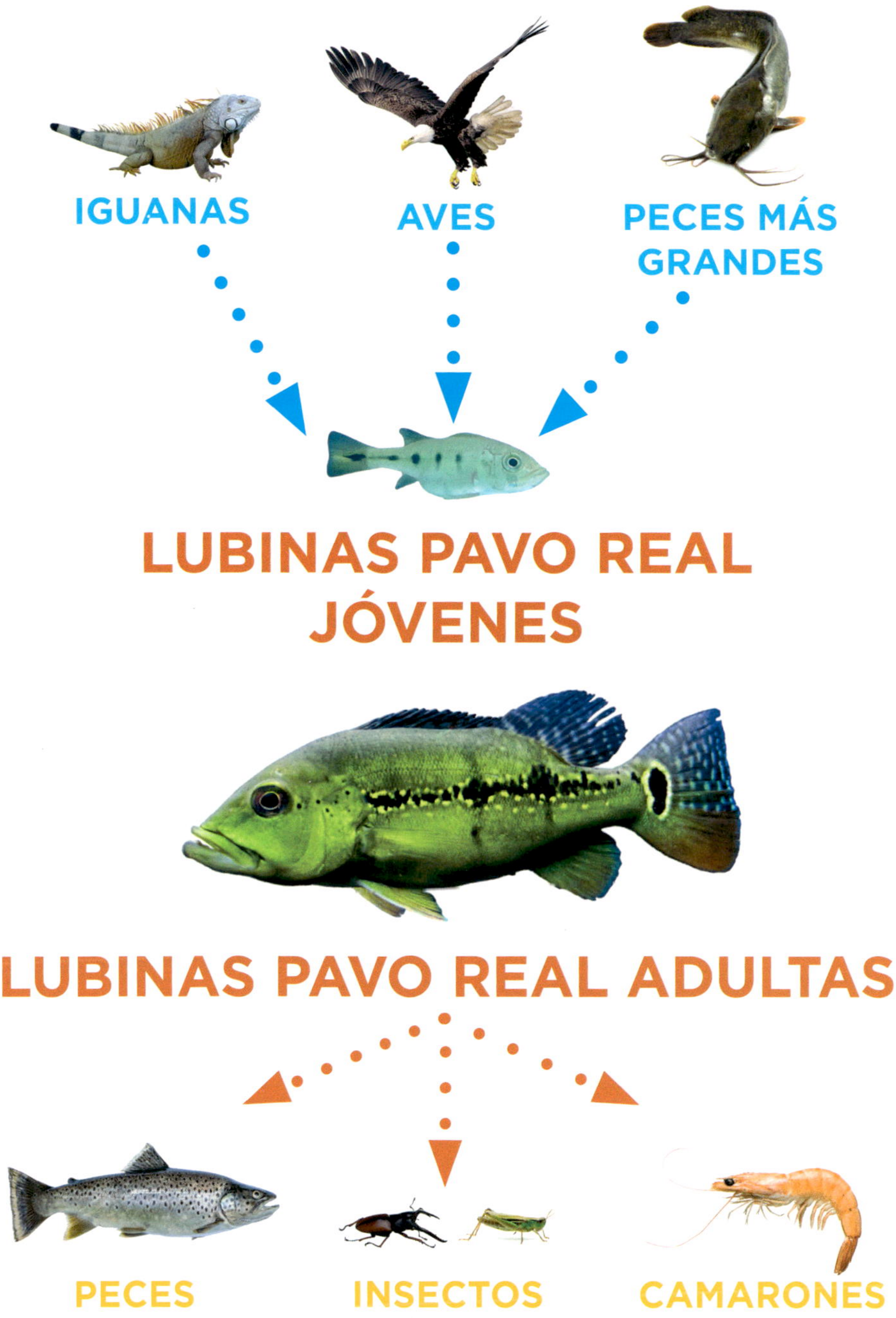

Desove

Cuando es momento de desovar, estos peces nadan hacia las orillas de los ríos. Ahí encuentran un lugar para poner sus huevos. Las piedras planas son un buen lugar. Una vez que los huevos eclosionan, ambos padres cuidan de las crías. Las protegen de los depredadores.

Sus colores se vuelven más brillantes durante la temporada de desove.

EL CICLO DE VIDA DE LA LUBINA PAVO REAL

Los peces llegan a la edad adulta en alrededor de un año.

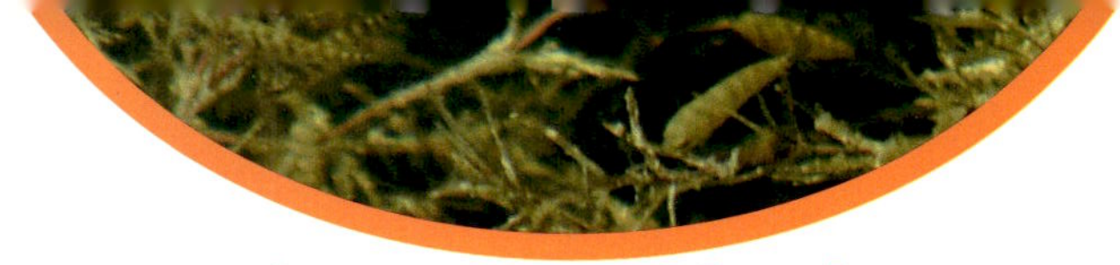

Los huevos eclosionan en larvas que aún necesitan ser protegidas.

JÓVENES

Después de dos meses, los padres dejan a sus hijos.

CAPÍTULO 4

Peligros y amenazas

Como su tamaño es grande, las lubinas pavo real no se tienen que cuidar de muchos depredadores. Sin embargo, a la gente les gusta pescarlas. Su fuerza hace que atraparlas sea un reto. Las lubinas pavo real más pequeñas deben cuidarse de peces más grandes y de algunas aves.

Nuevos aprendizajes

La gente sigue aprendiendo acerca de las lubinas pavo real. Les interesa saber acerca de peces introducidos en lugares nuevos. Las lubinas pavo real crecen rápido. En seis meses, los jóvenes llegan a medir alrededor de 1 pie (30 cm) de largo. Cazan a otros animales. Podrían dañar los **ecosistemas** de EE. UU.

Numeralia

16

EL NÚMERO DE ESPECIES CONOCIDAS DE LUBINAS PAVO REAL

1984

CUANDO LAS LUBINAS PAVO REAL FUERON INTRODUCIDAS A FLORIDA

4,000 a 10,000

EL NÚMERO DE HUEVOS QUE UNA LUBINA PAVO REAL HEMBRA PUEDE PONER CADA VEZ

6 a 10 años

SU ESPERANZA DE VIDA

75 a 82

GRADOS FAHRENHEIT (24 A 28 GRADOS CELSIUS)

su temperatura preferida del agua

GLOSARIO

cíclidos: Peces de aguas dulces tropicales con aletas espinosas.

depredador: Un animal que come otros animales.

desovar: Depositar una gran cantidad de huevos.

ecosistema: Una comunidad de seres vivos en un lugar determinado.

especies invasivas: Animales que se multiplican en un área de la que no son nativos, con frecuencia causando problemas a las plantas y animales nativos.

larva: Un animal que acaba de nacer de un huevo y que tiene forma de gusano.

presa: Un animal cazado o matado para convertirse en comida.

reserva: Abastecimiento de algo que es guardado para usar después.

ÍNDICE